T0011099

VISTA™

Identificar
causa y efecto

Cuando hablas de **causa y efecto**, dices por qué pasó lo que pasó.

Frases claves para hablar de **causa y efecto**:

Sé que ______________ porque ______________.

Leí que ______________ y por eso ______________.

Empujar y jalar

VISTA

puerta
EMPUJAR

Él empuja la **puerta**.

JALAR

Ella jala la puerta.

EMPUJAR
silla de ruedas

Él empuja la **silla de ruedas**.

La silla de ruedas se mueve.

EMPUJAR
tiovivo

Ella empuja el **tiovivo**.

El tiovivo se mueve.

JALAR
carrito

Ella jala el **carrito**.

El carrito se mueve.

JALAR
trineo

Él jala el **trineo**.

El trineo se mueve.

EMPUJAR
roca

Él empuja la **roca**.

¡La roca no se mueve!

JALAR
soga

Ellos jalan la **soga**.

¡La soga no se mueve!

carrito

silla de ruedas

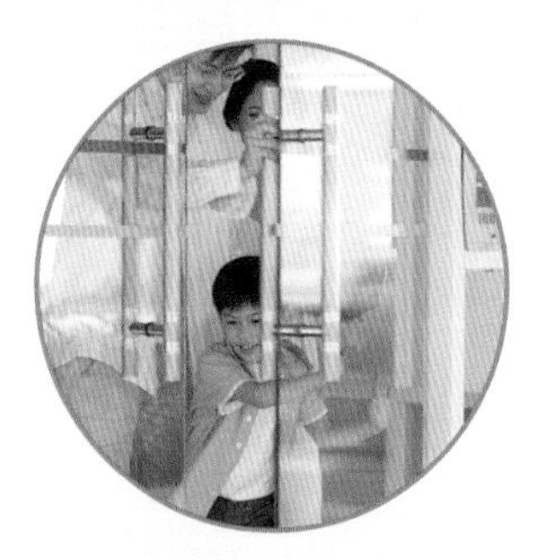

puerta

soga

roca

tiovivo

trineo